이달의 신간

안태현 시집

시인동네 시인선 027   안태현 시집

이달의 신간

시인동네

시인의 말

에돌아 왔으나
마음만은 가볍다.

시(詩)가
상처 속에서 피는 꽃이라면
아직
나는 멀쩡하다.

갈 길이 멀다.

2015년 봄
안태현

이달의 신간

시인의 말

차례

제1부

언약 · 13

그때 그렇게 말했으면 어땠을까 · 14

돌 속의 하얀 새 · 16

명화 · 18

맞절 · 20

채취선 · 21

바른 꽃 한 송이 · 22

바닷가 장례식 · 24

보트피플 · 26

뒷짐 · 28

만능 의자 · 30

집장 · 31

아버지의 봄 · 32

매미 · 34

중년 · 35

따뜻한 방목 · 36

제2부

둘레길 · 39

봄꽃 피는 산을 오르며 · 40

밤꽃 · 42

수풀 林 씨 · 43

겉절이 · 44

시인에게 · 45

해변의 밥상 · 46

둥지 · 48

대봉 · 49

황토방 민박 · 50

시몬, 너는 좋으냐 · 52

월식 · 54

게스트하우스 · 55

천수답 · 56

다시 봄에 설레다 · 58

제3부

이달의 신간 · 61

끼니 · 62

비계 오르다 · 63

커플룩 · 64

소금밭을 읽다 · 66

인큐베이터 수면실 · 67

티슈 박스 속의 티슈는 · 68

맛의 근원 · 70

시화호 갈매기 · 72

귀가 돋는 방 · 73

포스트잇 · 74

대나무 평상 · 76

작약이 피는 이유 · 78

막차 블루스 · 79

짓거리 · 80

제4부

연두의 무리 · 83

바다가 뒤척이다 · 84

능소화 아래 · 85

헛가게 · 86

재미라는 말, · 88

조용한 저녁 · 90

깻잎머리 · 92

일 센티미터 · 94

나무들의 언저리 · 96

물끄러미 · 97

글씨 오해 · 98

어느 날은 아이들과 더불어 · 100

소요 한 줌 · 102

응시 · 104

해설 맑은 피로 부르는 모성의 노래
　　　강경희(문학평론가) · 105

제1부

언약

   꽃들이 몇날 며칠 시소 타는 줄도 모르고 하루의 노동을 마치고 돌아오는 당신의 첫 이름에 산딸나무 한 그루 심어두겠습니다

   지금쯤 지상 어디에도 감출 수 없는 하얀빛으로 내려오는 것이니 먹줄 같은 생의 이쪽과 저쪽을 두루 만지고 온 두 손을 깨끗이 씻어드리겠습니다

   뒤꼍으로 돌아앉아서 늘 바람벽 같던 당신의 쉰 목소리 어느 날은 외등도 없는 골목 끝에 은근한 달빛을 불러 세울 수 있을지 모르겠습니다

   설산에 다녀와 오래도록 꿈꾸는 사람처럼 꽃나무들은 허공에 가닿고 그곳에 두고 온 당신의 눈망울에 흰 구름 한 점 담아두겠습니다

그때 그렇게 말했으면 어땠을까

논배미 모퉁이에 핀 달리아
젖이 큰 여자 같다

그때
아내는 스물넷
배롱나무처럼 미끈한 몸매는 가졌지만
달리아 같진 않았지
아침마다 아버지 몰래 염소젖을 짜들고 와서
빈 교실 내 책상 위에 놓아두고는
스스로 붉어지곤 했다지

달리아 같은 여자가 좋다고
그때 그렇게 말했으면 어땠을까
우물가에서 발을 씻다
움찔, 하얀 종아리를 거두어 갈 때처럼
내 마음을 거두어 갔을라나

바지락바지락

발자국은 아침 바다에 어서 가자고 꿈틀대고
이슬 젖은 달리아 앞에서
섹시 댄스를 추는 검정나비 한 마리

아내의 기척이 없다

돌 속의 하얀 새

아버지 장례를 마치고 온 그녀가
김이 모락모락 나는 백설기 한 덩이를 건네며
살짝 입꼬리를 치켜 올린다
일주일 만에 찍어내는
위폐 같은 그 미소를
나는 우회적으로 바라본다
창밖에는 지병처럼 나뭇잎이 떨고 있다
가문도 없는 철새들이
휘적휘적 닦아두고 간 하늘은 흐리고
울음을 재어둔 듯 무겁다
어느 날은
사무실 의자에 허상처럼 앉아
감추고 사는 아픔을 달래고 있었겠지
과년한 딸자식의 퇴근길을
서둘러 감아 들이는
얼레 같은 아버지의 눈동자가 떠올라
시곗바늘을 훔쳐보기도 했겠지
아버지가 급사했다는

새벽의 비보를 깨물던 그녀가
돌 속에서
하얀 새 한 마리를 꺼내고 있다

명화

나의 무릎은
아름다움을 위해 바쳐진 적이 없다
비굴했으면 비굴했지
무릎걸음으로
사람을 향해 다가선 적이 없다
저 그림을 보라
손바닥 한 대 얼얼하게 때리지 않아도
눈물 글썽이는
병아리 같은 아이
그 눈높이 맞추려
무릎 꿇고 다가가
새끼손가락 걸고 있는 선생님
어떤 잘못도
결코 배경이 될 수 없는
명화 한 점
교육법전을 수없이 읽은들
저만한 그림
붓 가는 대로 쓱쓱 그리겠는가

한 폭 병풍으로
세울 수 있겠는가

맞절

'ㄱ'자로 쉬엄쉬엄 걸어오신다
'비타 500' 한 박스
떼쓰는 강아지처럼 질—질 끌고 오신다
어미 없는 철부지 손자
잘 봐달라고
남들 다 보이게 뇌물 갖고 오신다
혈육 한 점 끄나풀 삼아
언문이라도 익히겠다는 듯
복도 바닥에 습자를 하며 오신다
가파른 계단 오르락내리락 하던
먹물 같은 숨
내 발부리에 죄다 풀어놓으신다
생의 완력이 짜낸
이 최후의 공손함 앞에
나도 풀기 빳빳한 허릴 꺾어
'ㄱ'자로 마주 선다
맞절을 한다
바닥이 울컥, 치밀어 오른다

채취선

 물속에서 나오자 젖은 옷에서 물이 뚝뚝 떨어졌다. 어머니는 몽돌 위에 앉아 옷자락을 쥐어짰다. 돌이 참 곱구나. 몽돌을 한 주먹씩 쥐어 두 무릎에 올렸으나 자꾸 흘러내렸다. 나는 물기가 없는 돌을 골라 두 다리에 수북이 쌓아드리고 나란히 앉아 바다를 바라보았다. 바다는 푸르고 몽돌 구르는 소리가 자장가처럼 포근했다. 졸음에 겨운 듯 채취선들이 한가로이 떠 있었다. 담배 팔러 댕길 때 감시원들한테 쫓겨 저런 배 밑바닥에 숨기도 했어야. 겨울 초입이었는디 홑저고리만 입고 있었다. 어찌나 추운지 덜덜 떨면서 옴짝달싹 못허고 있었다. 얼마나 지났을까. 밖으로 기어서 나오는디 삭신이 장작처럼 굳어서 안 펴지더라. 먹고 살자고 하는 짓인디 그때는 머시 그리 무섭다고 벌벌 떨었는지 모르것다. 몽돌 몇 개가 어머니 무릎에서 흘러내렸다. 해변은 땀이 많이 나는지 연신 파도를 끌어다 식혔다. 민박집 압력솥 돌아가는 소리가 들리는 듯했다. 가자, 배고프구나.

바른 꽃 한 송이

이른 아침 전철역 로비에서
삼각김밥을 먹고 있는 다운증후군 청년
의자 끝에 살짝 걸터앉아
두유 한 모금에
김밥 한 입

다 핀 꽃일까
덜 핀 꽃일까

어제도 오늘도
엉덩이까지 흘러내리는 배낭을 메고
코에 걸린 안경 너머
무른 각으로
고픈 아침을 꼭꼭 때우고 있는

김밥부스러기를 손바닥으로 싹싹 쓸어서
스무 걸음 걸어
쓰레기통에 얌전하게 버리고

누군가의 가슴에 꽂히러 가는
바른 꽃 한 송이

바닷가 장례식

바닷가 허허벌판
조등 하나 걸리지 않은 상가(喪家)에서 맞는 저녁입니다
아흔아홉 구비를 돌아 걸음을 멈춘
이승의 마지막 발자국을 감추고 싶다는 듯이
함박눈은 내리고
이 세상 어딘가에 두고 온 것들이 많은
저마다의 마음들은
먼 바다 건너 불빛을 좇아 뭍으로만 흘러갑니다
뱃길이 끊어질까
깊어가는 걱정에 눈발이 멈칫하기도 하지만
주먹밥 한 덩이
뜨끈한 파랫국 한 사발에 속을 데우며
몸이거나 영혼이어야 했던 것들을 생각합니다
어둠이 드리운 바닷가를
물새처럼 거닐며
살아갈 날의 심연을 들여다본 적이 없지는 않으나
크고 작은 근심들은
왜 아무 때나 날아오르는지

이 저녁 분분한 눈발 같기만 합니다
어둠의 깊은 골 속으로
망자의 마지막 발자국 소리가 스치듯 사라집니다
채취선 한 척 출렁거리는
검은 물빛 너머
나이거나 당신인 곡(哭)소리가 들려옵니다

보트피플

철 지난 옷을 내다버린다
의류수거함에 더 이상 비비고 들어갈
틈이 없다
팔다리가 흘러내린다

붕어빵 한 봉지를 사면서도
꼭 끼고 있던
당신과 나의 팔짱은 어디로 가는가
옷걸이에 걸려
시무룩하게 늘어지던 시간들은
또 어디로 가는가

사시사철 계절풍이 분다
우리가 당당하게 걸었던 어느 길에서는
슬그머니 뒷전에 눌러앉은
색깔들이 있다

날은 차고 칠흑처럼 어두운데

뱃전에 끌어 올려줄 손목 하나 없다
아직 성한 몸들이
맨살의 밤바다를 떠돌고 있다

뒷짐

마땅히 져야 할 것이 없는데도
느린 걸음에는
두 손이 저절로 허리에 얹힌다

져야 할 무엇이 있다는 것일까
무엇을 져야 할 나이가 됐다는 것일까

뒷짐 지는 걸 아내가 한사코 말리는 까닭은
늙은 냄새나는 남편이 싫다는 거겠지만
사람이 신록처럼 들이치고
어둠이 꽃처럼 피는 길을 걷다보면
나도 모르게 뒷짐을 지는 것이다

활갯짓에 밀려나
뒷덜미에 매달려 있던 늙음이
등허리에 쏟아져 내려
느린 걸음과 걸음 사이
나도 모르게 받아 업는 시늉을 해보는 것이다

>

하짓날,
뒷짐을 진 앞산 능선이
무엇을 업어도 슬픈 얼굴인 지게처럼
느린 저녁을 건너오고 있다

만능 의자

첫돌 지난 손녀가
그림책을 들고 와 내 무릎에 앉는다
어느 무공해 별 곳간에서 튀어나온
씨앗 한 톨 같다
나는 못 하나 치지 않은 의자가 되어
허벅지 사이를 좁히고 허리를 세운다
내 몸속으로 아이의 몸이 들어와
따듯하게 묽어진다
아이가 앉아 있는 동안
내 더운 숨이 아이의 정수리에 닿아
피도 안 마른 그곳에서
푸른 넝쿨들이 뻗는다
나는 아이가 흘러내리지 않게
다리를 고쳐 접고 알맞게 펴서
토끼 굴에도 가고 얼음 나라에도 간다
다시는 무릎에 앉을 수 없는 내 몸이
가뿐하게 날아가는
나비를 닮아간다

집장*

장죽을 물고
사십 년 전 족자 속에 사시는
외할머니

밭은기침 해가며
메줏가루 고춧가루 찰밥에 버무려
무장아찌 박고 고춧잎 박아
아랫목에 잘 삭힌
세월 한 종지
어머니 편에 보내셨다

석양이 들이치는 대문간
멀거니 앉아서
볼우물이 다 마르도록
장죽을 빨다가
채근하시던 심부름

댐배 안 빨린다 띠 풀 좀 해오니라

---

*하절에 먹는 고추장 비슷한 음식.

아버지의 봄
— 박영대 일곱 번째 개인전에 부쳐

　훌훌 털어버려라 아들아, 그간 너에게 주먹을 날렸던 조무래기들을 나에게 죄다 까발리거라. 감쪽같이 지운 네 코피 흔적을 내가 모르는 바 아니느니 부잣집 외아들 같은 허세도 버리고 홀로 고스란히 감당해온 무거운 어깨를 이제는 그만 내려놓거라. 갈꽃이 수없이 피고 지는 동안 덧없이 낮아진 하늘을 바라보고 있으면 나는 용눈이오름 같은 능선을 하나 갖고 싶었다. 겨우내 스적거리는 풀을 밟고 올라 납덩이 같은 내 몸뚱이를 부려놓고 피우지 못한 꽃망울을 울컥울컥 토해내고 싶었다. 감내하며 사는 것 또한 사람의 일인지라 식구들이 모두 잠든 밤, 깊고 어두운 시간의 물레를 돌려 명주보다 보드랍고 질긴 바람을 뽑아내면 아, 어느새 그 바람은 나를 태워 추자, 제주까지 달려가곤 했다. 우물가 유자향이 짙게 익어가고 바다 건너 보길도에서 마파람이 불어오는 날이면 아들아, 뒷개 선창에서 서성거리고 있는 너의 굵은 안경알을 보았느니라. 혁명 시집을 가슴에 품고 가파르게 집으로 돌아가는 너의 뒷모습이 안쓰러워 나는 하릴없이 시퍼렇게 낫을 갈곤 했느니라. 스물셋 푸른 나이에 잃어버린 나의 봄을 이제는 그마저 떠올릴 수 없다만 세상은 말할 수 있는 것들보다 말할 수 없는 것들이 더 가득 채워진 미궁이로구나.

벗을 감옥에 보내놓고 홀로 정갈하게 맞이하던 삼정골 골방의 새벽을 너는 기억하고 있구나. 치욕 같은 세월도 시나브로 지는 것인지 나는 이제 너와 더불어 제주에서 광주로, 멀게는 저 분단의 현장까지 바람으로 솟구쳐 날고 있다. 네가 불러낸 나의 봄에도 첫물이 오르는지 무덤 속 버들개지 같은 별들이 총총 뜨는구나. 너를 안고 어르듯이 온 대지에 새 빛이 움트는구나.

매미

내 작은 성문을 두드리고 있는
떠돌이 악사
그를 위해 무엇을 준비해야 하나
은화 몇 닢은
외투가 아름다운 그를 천박하게 만들 것이고
스크루지처럼 인색하게 굴면
그냥 훌쩍 떠날 것이다
삼시세끼 굶을 걱정이 없는 나는
노래마저 호소력이 없다
동네 문인들이 알고
불알친구들이 다 아는 사실이다
내 여름이 무성해지고
산만한 마음을 다잡는 것은
물 한 모금 적시지 않은 그의
뜨거움 때문인데
내 정신을 맑게 씻어줄
노래 한 곡 부탁해볼까
악사여,

중년

흔들려도
중심이 있다는 것이다
수렁에 빠져도
금방 발을 빼서
제자리로 돌아온다는 것이다
되돌아와
발을 씻고
가벼운 한쪽에
지체 없이
돌 하나 올린다는 것이다
찬찬히 기우는 그림자를
내 쪽으로
다독인다는 것이다

따뜻한 방목

마가목이 붉다
발치에 내려놓은 낙엽들
다행이다
동행이 있다니

맑은 생각을 간직하기까지

손이 닿지 않는 마음 안쪽
이별이 자라고
가뿐하게 넘어야 하는
기다란 목책이 있다

기부하듯
저 많은 빛들이 물러간다

제2부

둘레길

하얀 꽃을 인 그대와 사이좋게 걷다가
토라진 듯 돌아서서 걸으면
다시 만날 수 있을까
몇 날 몇 시
어디서 만나자 약속한 일 없어도
필연처럼 다시 볼 수 있을까
하릴없이 술자리에 가야 하고
사소한 것들 바라보는 일도 많은데
그렇게 애터지게 해찰하고서
땀이 송골송골 맺힌 그댈 만나
오이 하나 뚝 분질러 나누어 먹을 수 있을까
후생에 다시 만나고 싶으냐 그대 물음에
아직 답을 주지 못했는데
비바람 불고 눈보라치는 언덕을 지나
돌고 도는 길
골똘하게 물레질하던 어머니 곁에서
아주 먼 곳까지 이어지던 꿈길처럼
그대와 다시 걸을 수 있을까

봄꽃 피는 산을 오르며

오후의 햇살을 비벼
슬쩍 색깔을 풀어놓는 꽃나무들로
온몸이 푸르고 붉어진다
봄꽃이 피는 산
삶의 자투리가 다 보이도록
유연하고 느리게
산의 허리를 휘감아 오르며
나는 한 마리 살가운 꽃뱀 같다
오랫동안 몸 안에 담아 두었던 어둠을 벗어버리고
바람이 뽑아낸 연둣빛 새순처럼
혀를 날름거리며
푸른 하늘이 내다보이는 산마루까지
달맞이 같은 추억을 끌고 오른다
고즈넉한 이 꽃길에
모두들 마음이 순해진 건지
작대기를 휘두르거나 돌을 던지는 사람이 없다
길을 내주고 기다려준다
꽃뱀 한 마리

겁도 없이
봄꽃 피는 산을 홀로 차지하고 오른다

밤꽃

할 일 다 했노라고

우동발 같은 밤꽃들이
두 눈 부릅뜨고
떨어진다

백야를 걸어
간곡함에 이른 사람처럼

온몸을 투신하는
저런 사랑법을
누구에게도 배운 적 없다

수풀 林 씨

 비를 머금은 숲이 사립문을 열었다 돌계단이 이끄는 대로 몇 발자국 들어서니 이쯤이면 만삭이다 싶은 쪽동백 꽃들이 안채에 기별이라도 하는지 하얀 종을 울려댄다 집을 떠났다 아픈 몸으로 돌아오는 사람을 마중하듯 길목마다 머리를 맑게 헹군 나무들이 기다리고 서 있다 일가붙이도 모른 채 살아가고 족보 한 장 뒤적인 일도 없는 길손에게 이런 환대라니 근본도 모르는 이를 사랑채도 아닌 안채에 버젓이 들이는 풍습은 어느 문중의 일인가 생목의 향이 온몸에 스며들어 수묵처럼 계곡에 풀어진다 그간의 사정을 다 들어주려는 듯 고사목에 깃들어 사는 식솔들까지 귀를 바짝 세웠다 수수백년 가풍을 이어가는 숲이 선승처럼 푸른 오월을 건너가고 있다

겉절이

단풍 좋고 볕 좋은 가을날

가다 쉬다
땀을 흠뻑 쏟으며
북한산 백운대에 점을 찍고
도시락 까먹고 오는 동안

절절매며
겉절이가 된 동안

수염을 기른 초로의 사내가
한 지게 가득
먹거리를 지고
백운산장을
두 번이나 오르내리는 동안

시인에게

피가 맑아서 편지를 쓴다
미안하다 당신의 방에 어울리는
바다와 꽃과 돌담길을 두고 왔다
내가 좋아하는 것들은
모두 리필이 안 돼서
어디서든 훔쳐오고 싶어진다
열다섯 살 무채색 같은
당신의 극락강역*도 건드렸다
매일 눈을 뜨고 살지만
어제 만난 사람을 오늘 잊고 지낸다
그래선지 내 살을 비비면
빗방울 냄새가 난다
분화구를 들여다보고 돌아와
나는 오래도록 눈이 시리고
당신의 처방인 양
완만한 저녁의 능선 위에서
푸른 여백을 뜯어먹고 있다

---

*김연종 시인의 시집 제목.

해변의 밥상

썰물이 깊은 해변에서 밥상을 차리네요
당신과 내가 오랜만에 차리는
상다리도 상판도 없는 돗자리 밥상
배낭에서 꾸역꾸역 기어 나오는 먹거리들이
귀엽게 미간을 찌푸리는 건
입학식 날 아이들처럼 수줍다는 거겠죠
듬성듬성 구멍이 나 있지만
당신과 나의 젓가락이 알맞게 오가는 곳에
소나무 그늘을 깔아야겠어요
나는 나대로 당신은 당신대로 바라보던
세상의 창문이 없으니
당신과 나를 관통하는 바람도 즐겁군요
어린 모종을 키우는 건 희망적인 일이죠
일 년을 약속한 일 아닌가요
당신과 나의 볼이 미어지는 상추쌈에
지나가는 바람들도 군침을 삼키는군요
객지에 있는 아이들은 밥이나 잘 챙겨 먹을까요
회음부에 들어앉은 꽃숭어리들

그 아름다운 꽃말들에 대한 기록이
숟가락 달그락거리는 밥상이나 다름없죠
어디 모네의 정원이 이만하겠어요

둥지

 높은 담을 올려다보다 담이 결릴 것 같은 평창동 마을길, 이런 데 사는 사람은 행복할까? 대문도 없는 돌담 집에서 살았던 당신이 이심전심 물어온다. 치자 향기가 은근하게 담을 넘어오고 무화과 붉은 입술이 다 내다보이던 집. 슬레이트 지붕 위에서 빗방울들이 명랑하게 뛰어내리면 흙 마당에 볼우물이 생기곤 했지. 염소가 곤한 잠을 자고 있는 헛간을 지나 빗물이 바다로 흘러가고, 당신은 그 가벼운 음악을 들으며 젖꽃판이 짙어져 첫아이를 얻었다. 다투어 올라가 담장에 줄장미를 내거는 근사한 집들이 많다지만, 감나무 집 한 칸 셋방만 하랴. 마당을 가로지른 빨랫줄에 식구들 옷가지를 널어놓고 마루에 걸터앉아 있으면 날개라도 있는 양 서해바다를 훨훨 날아 옛집으로 날아가곤 했지. 홀로 작은 아이 들쳐 업고 큰 아이 걸려서 읍내 장을 보러 갔다 온 날에도 저녁 밥상은 해맑아서, 감나무가 허리 빠지게 감꽃을 매달고 있는 것도 모르고 살았지. 다리를 뻗으면 겨우 한 뼘이 남던 구들장에서 근근이 버티며 말이지.

대봉

옅은 안개가 깔린 아침
감나무 아래에서
할머니가 커다란 홍시 세 개를 들고
걸어 나오셨다

손바닥에서 불덩이들이 이글거렸다
고삐 풀린 내 감탄사가 친척이라도 되는 양
잰걸음으로 다가갔다

할머니가 선뜻 하나를 주셨다
한걸음 처진 아내에게도 하나를 주셨다
손을 내려다보시더니
남은 하나마저 내 손바닥에 내려놓고
안개 속으로 사라지셨다

손바닥에 핀 홍련 세 송이
나도 모르게 합장을 했다

황토방 민박

산과 산 사이
새물내 나는 적막에 들어
둥근 황토방에 등을 대고 눕는다

평생 사람을 받드는 일은
허술한 몸속에
따뜻한 구들을 들이는 것이 아닐까
당신을 생각하고
본래 자리인 양
내 곁에 나란히 누운 당신을
돌이켜 생각하고

우리가 늙어가는 동안
따뜻한 일이 얼마나 더 있을까
가슴에 손을 넣어보듯
앞서거니 뒤서거니
비 내리는 가을 숲을 걸어왔으나
당신에게도 내게도

더는 만져지는 것이 없다

어둠은 깊고
벌써 이렇게 흘러가버린 시간들이
괜스레 미안해지는데
눈곱도 떼지 않은 내일이
나를 깨울 것처럼
봉분에 들어
따뜻한 잠을 청하는 저녁

시몬, 너는 좋으냐*

저 잎들이 무너져 내리면
한 해가 흘러가리라
근처 어딘가에 낯선 무덤이 생기고
자루에 수북이 담겨
수레에 실려 간 낙엽들이
풀벌레 소리를 내며 죽어 가리라

아직 남은 아름다운 날들을 위해
내일은 비가 내리고
나무들은 아픈 몸으로
안부를 묻고
약속을 하고
저녁을 짓기 위해 소매를 걷는다

찬바람이 부는 어느 창가에서는
나무들이 울고 있다
우리도 언젠가는 상복으로 갈아입고
작은 새들처럼

부리를 맞대며
울음을 나누는 저녁이 온다

홀가분하게 길을 떠나는
저 마른 손에
주먹밥 한 덩이라도 들려 보내야 하나
텅 빈 숲을 생각해보고
천천히 낙엽을 밟으며 오는 너를
오래오래 떠올려보고

---

* 레미 드 구르몽의 시.

월식

반쯤 허물어진 무덤 앞에
눈발이 덮여 있는 국화 한 다발

어떤 기별이 간 것일까
계곡은 꽁꽁 얼어붙어
소식 한 구절 실어 나를 수 없는데

한 평 남짓 폐점처럼
웅크린 그림자

두 손과 무릎은 갸륵한 것
서로를 부를 때
가장 깊은 울음을 만들어낸다

이 겨울 누군가
보토 한 번 한 적 없는 무덤 앞에
용서를 빌고 간 듯이
회초리 한 단을 두고 갔다

게스트하우스

풀린 다리를 끌고 평소와 다른 냄새를 피우며 이곳에 온 것 같다 익숙한 냄새를 버리는데 강바람이 거들었을 테고 고즈녁한 숲속 오솔길이 한몫했을 것이다 길을 걸어 이곳에 온 사람이라면 마음이 고플 때 내밀 수 있는 덩굴손이 있다 서로 잡아주며 담장 위 풍성한 감나무 그늘이랄지 은빛 피라미 떼가 반짝이는 징검다리를 함께 건너간다 등불 아래 앉아 국경의 마지막 밤처럼 지나온 시간을 되새김할 때 헛꽃마저도 풍성하게 핀다 느닷없이 새로운 여정이 태어나기도 하고 모르고 지나친 아쉬움이 남기도 한다 그러나 지구별에 사는 처지라 저마다 라마단을 꿈꾼다 유빙을 타고 눈보라치는 무한한 바다로 흘러간다 대륙횡단열차의 삼등 객실에 몸을 싣고 곤곤한 잠을 청하기도 한다 오래된 간이역의 벽시계들이 일제히 째깍거리는 것처럼 별들이 밝고 환한 밤 알람이 꺼진 몸을 다시 받아든다

천수답

나에게 닿으려면 얼마나 더 걸어야 하나
등짐 진 사람처럼
몇 개의 계곡과 마을을 건너왔다

희미한 저 능선을 넘으면
누대에 걸쳐 가난하게 살았던 흔적이 있을까
천수답에 눈물이 흘러들어가는 동안
풍경은 그저
틈 하나 내준 것처럼 고요하고
내 시린 무릎에
작은 들꽃 한 송이 피지 않았다

몇 생을 품은 저 흙빛
나는 저 빛을 닮으려면
손끝이 닳도록 외로운 저녁을 일구어야 하리

무얼 하려고만 할 게 아니라
가만히 눈을 감고 앉아

제때 앞섶을 열고
시간이 다 먹힐 때까지 기다려야 하리

다시 봄에 설레다

한 열흘쯤
꽃 속에 갇혀 있으면 어떨까
창살 없는 구치소
묻지 않아도
비밀 얘기 술술 불어버리고는
향기처럼 가벼워지면 어떨까
꽃피는 사연
죄다 기록된 봄의 진술서에
서명 안 할 사람 어디 있겠는가
모른다고 해도
발뺌할 수 없는 일
벌 나비들이 쉼 없이 물어오는 제보에
속수무책일 수밖에
알리바이를 만들 수 없는
이런 봄날의
알몸들

제3부

이달의 신간

봄비가 다녀간 후로 뜰에 생기가 돈다. 하룻밤 사이 무슨 일이 일어났는지 수런수런 새싹이 돋고 꽃등의 심지에 불이 붙었다. 아침밥은 먹고 오는지 물감은 제대로 챙겨오는지 모르지만 등교하는 아이들처럼 예쁘다. 배기량이 적지 않은 나는 무슨 꽃이라도 한번 피울 요량으로 사시사철 공회전만 하는데, 시동 켜는 소리도 없이 꽃나무들의 피돌기가 시작되었다. 촉이 있는 것들은 결기가 있다. 일생을 바쳐서 유작 같은 서사 한 편 완성해 보겠다고 해마다 몸속에 잉크를 가득 채운다. 썼다가 지우거나 페이지를 뜯어내는 일 없이 고통이나 절망의 흔적을 고스란히 남긴다. 가속이 붙으면 집집마다 사연이 다른 이웃들이 함께 어우러져 총천연색 삽화를 그려 넣을 이달의 신간

끼니

빵 조각을 받아먹으려고
중랑천 다리 밑에서
러닝머신을 하고 있는 잉어들

장맛비 물살에 쓸려갔다가
다시 달려오고
물목에 있다가
레커차처럼 달려온다

모래바람이 부는 황량한 국경
몰려드는 난민들

옆집 동생 옆구리를 처박으며
아는 형님 머리통을 뭉개며
여기요, 여기!
말이 터져 나오지 않는

캄캄한 빈손

비계 오르다

저기, 거미가 올라간다
2층에서 3층으로
3층에서 길이 없는 허공으로

보도블록 그늘에 떨어지는
굵은 땀방울은
밥상에 흩어지는 밥알 같고

수평과 수직의 얼개 사이
한 점 흔들림 없는 저 궁지

바닥을 아는 자만이
바닥을 섬긴다

저기, 거미가 올라간다
만년설이 다 녹아내린
히말라야 직벽으로
사기밥그릇을 이고 간다

커플룩

빨간 커플룩을 입은 젊은 부부가
물가에 하염없이 앉아 있는 건
일종의 앙금이겠지만

거리를 두고 앉아
마냥 흘러가는 물을 바라보고 있는 건
네가 다가오길 기다리는 거겠지만

커플룩은 피었다 도르르 말려 떨어지는
오고가는 말의 속사정을 모르고
댓잎처럼 스적거리는
찰과상의 기분을 모르는 것이네

출근길 아침의 빨간 커플룩은
노란 장판 위에 배를 깔고 꾹꾹 눌러쓴
친필 서명의 각서

가녀린 목을 넣고 있어도

목이 늘어진 까닭을 모르고
사람 사이 애매한 셈법을 모르는 것이네

세탁기에서 엉켜 뒹굴다
옷걸이에 나란히 걸려도
에누리가 있는 감정을 모르는 것이네

소금밭을 읽다

 갈대가 물을 붙잡고 있는 둑길을 걸으면 어느 틈엔가 바람이 인다. 저 어디쯤 갯벌 염전이 빈 소금 창고를 거느리고 있을 것 같고, 소금 창고 앞에서 염부 한 사람이 버려진 경운기처럼 골몰해 있을 것 같다. 그런 길을 걸어 연애를 한 적이 있다. 갈대가 물을 붙잡고 백마처럼 울어대면 물결이 수줍은 듯 일어나곤 했다. 그곳에서 소금밭보다 하얀 속살을 가진 여자와 두 해를 살았다. 나는 섬을 통째로 차지해도 될 만한 섬마을 총각선생이었고 그 여자도 그래도 될 만한 섬처녀였다. 지금은 물을 놓아 버리면 갈대는 갈 데가 없다. 긴 겨울을 지나고 나면 뿌리에서 새순이 돋을 거란 기약도 없다. 그래선지 간간이 소금냄새가 그립고 소금밭이 보고 싶다. 어느 여름날, 슬로시티라는 천사의 섬에 갔다. 외등 하나 없는 깜깜한 밤, 별들이 내려다보는 들길에서 갈대가 물을 품고 수십 번씩 키스하는 소릴 들었다. 물도 갈대도 바람을 잊고 살던 시절이었다.

인큐베이터 수면실

강남고속터미널 사우나 수면실
심해어들이 잠들어 있다

수건 한 장의 무게가
수평선을 건너온 파도 한 겹이다

배를 납작하게 깔고
젖을 보채는 듯이
지느러미를 살랑 살랑거린다

단 몇 시간의 수유

심야버스에 실려 온 나도
가만 몸을 눕혀
싸리나무 울타리 옛집으로 간다

어머니 품으로 헤엄쳐간다
하필, 젖 팔러 가고 안 계신다

티슈 박스 속의 티슈는

빗물 한 방울 스민 적 없는
단단한 암반에서 꽃이 피었다

스스럼없는 꽃
바람과 햇빛을 빌지 않고 살아가는
지구상의 몇 안 되는 희귀종

누군가는 난감했을 엎질러진 물
재빨리 빨아먹고
거울 앞 엇나간 여인의 붉은 입술도
허기진 듯 먹어치운다

내세울 것도 없이 곧추 세운
슬픈 날의 자존심처럼
순간에 피었다가 순간에 진다

앞서간 이를 따라
줄줄이 끌려오는 하얀 손목들을 보면

해미읍성 회화나무*에 서린
맑은 신념 하나 떠오른다

* 1866년 병인박해 때 천주교 순교자들의 순교 장소로 서산시 해미읍성 안에 있는 노거수.

맛의 근원

세상에서 가장 맛있는 음식은
숙제를 하다 얻어먹는
고기 한 점

오일장 전날이면
머릿수건을 두른 어머니가
푸줏간에서 사온 큼지막한 돼지머리에
손도끼 몇 번 내리치고
장작불에 오래오래 삶았네

가마솥 뚜껑을 열고
뜨거운 김을 후후 불어가며
어디 잘 익었나
식칼을 푹 찔러보며
도마 위에 건져 올린 삶은 돼지머리

어쩌자고 어머니는 숙제하는 내 옆으로만 가지고 오실까
안 보려고 해도

봐라, 뼈는 이렇게 바르는 거란다 그러는 것처럼
삶은 돼지머리를 비틀고 헤집어서
머릿속에 숨은 억센 뼈들을 추려냈네

고기를 갈무리하다
흘깃 내 숙제 공책을 쳐다보고는
돼지기름이 자르르 흐르는 손으로
쓰윽, 베어 주던
혓바닥 한 점

찰지고 고소해서
방바닥에 배를 깔고
공책 한바닥을 더 써도 되겠다싶던
돼지 울음 한 점

시화호 갈매기

오랜만에 낮잠을 자려는 순간
낮술 한 잔 걸친 형님이 전화를 했다
동생 목소리 듣고 싶다고
갈매기처럼 끼룩끼룩 울어댔다
열여덟부터 객지살이 하며
홀어머니 못 모시는 장남이 어디 장남이냐고
동생들한테 미안하다고
시화호 어디쯤 날다가 잡아먹은
물고기 한 마리를 게워내고 있었다
비린내도 가시지 않은 그것이
일요일 오후의 전화선을 타고
끈적끈적하게 헤엄쳐오고 있었다
일거리 없는 공장을 배회하다
그만 날개라도 다친 것인지
자꾸 마음이 다친 쪽으로만 기울고 있었다
미안해, 미안해할 때마다
기름때 묻은 깃털이
남쪽으로, 남쪽으로 날아가고 있었다

귀가 돋는 방

목련 단지가 문을 열었다
민무늬 벽지로 새로 도배한 방들

맑은 귀가 돋는다는 저 방에
한철 세 들어 살고 싶다

파킨슨병을 앓는 누님의 기도소리가
나지막이 들려오고

가지에서 가지를 치는
혼탁한 말들이 곱게 걸러지는 방

벽장 속 하얀 여과지들이
조금씩 벌어지며 흩날린다

맑은 귀 하나만 남기고 사라지는
우주의 방 한 칸

포스트잇

젊은 남녀가 입 맞추고 있는 걸
못 본 척하고는
한참을 걸어와 되돌아보니
여자 쪽으로 약간 기울어진 그대로다

저 중심에는
꽂히는 시선 다 받아내는 과녁이 있고
그 과녁 안쪽에서는
흔하지만 흔하게 볼 수 없는 꽃이
보란 듯이 피고 있다

꽃의 내부는 지금
꽃잎에 색깔을 입히느라
뚜껑을 닫은 채 펄펄 끓는 중이다
달짝지근한 향기를 덧바르고
찰나의 시간을 오리고 뒤집고 붙이느라
풀칠이 마를 새 없다

>

접착력이 희미해진 입술들이
힐끗거리며 지나가는
공원의 오후

대나무 평상

조가비 같은 오두막집에 평상이 있었지
동전이 빠지고 양말이 끼던 대나무 평상
신발 두어 켤레 없을 만한 댓돌 하나 거느리고
이 빠진 생원처럼 굴었지

명절이면
나염공장에 다니던 형이 내려와
대나무 평상에 자투리 원단을 능숙하게 펼치곤 했지
갑자기 형형색색 꽃밭이 나타나고
어머니, 들어오세요
형이 마디 굵은 어머니 손을 잡고 들어가며
나를 볼끈 들어 올려 꽃밭에 앉히곤 했지

어머니는 한 번도 가보지 못한 꽃구경을
멀미나도록 하시고
예닐곱 살 나도 덩달아 꽃물이 들었지
꽃물이 든 채 대나무 평상에 걸터앉아
댓돌에 놓인 구두 속에 내 발을 넣어보면

뒤꿈치에 주먹 하나가 들어갔지
너무 헐렁해서 열여덟은 영영 안 올 것 같았지

어머니는 연기를 폴폴 날리며 밥을 짓고
빨리 자라라는 듯이
푸성귀들이 흘러넘치는 두레밥상을 차렸지
모처럼 일가를 이룬 대나무 평상에서
하얀 쌀밥을 먹었지
어머니도 나도 서울이란 꽃밭을
꼭꼭 생각하며 먹었지

작약이 피는 이유

명자나무 아래 붉은 좌약
저기에 엉덩이를 까고 앉으면
겨우내 시달린 변비가
연두처럼 풀리겠다
똥이 사탕 냄새를 풍기며 달콤하겠다
오장육부가 편안해져서
우리 결혼해요
남자의 손을 꼭 쥔 채 웃고 있는
딸아이의 근사한 손목처럼
보고 싶은 것들이 많아지겠다
아찌, 뭐해요?
꽃순 같은 아이의 말이 달려오면
헛기침 몇 번 하다가
별거 아니란 듯 해찰하다가
한두 개 슬쩍 따서
약 상자에 감추어 두고 싶은

막차 블루스

첫차를 타고 떠났다가
막차를 타고 오는 그대를 기다리네
불빛이 잦아드는 터미널
차가운 플라스틱 의자에 앉아
한 십년
더 늙어서 오는 꽃을 기다리네
생의 막차를 타기 위해
인공관절을 심은 노모를 간병하고
그대는 돌아오기 위해
서둘렀을 것이네
아마도 그랬을 것이네
시간은 매일 한 뼘씩 줄어들고
그대에게 가는 시간도
어쩔 수 없이 한 뼘씩 줄어들고
검은 맨드라미가 피고 있네
홀로 피고 있네

짓거리

여자여
달맞이꽃을 따는 여자여
비 그친 아침
그물에서 고기 따듯
노란 등불을 끄는 여자여
석유냄새는 어쩌려고
미처 못 읽은
달맞이꽃의 침침한 한 생애
무슨 수로 밝히려고
말귀에 빗장을 지르고 가는가
여자여
벽창호 같은 여자여

제4부

연두의 무리

　계단이라는 아름다운 말이 빛을 잃을 때가 있다 산 아래 해발 0미터에 부표를 띄운 햇살의 그물을 찢고 떼 지어 거슬러 오르는 푸른 물고기들

　계곡에 숨었다가 능선에서 몸을 비틀어 산정을 향해 몰려가고 있다 배를 뒤집은 채 무리를 벗어난 무리도 있다 겨우내 저속도로 오르고 싶어 안달이 났는지 지느러미들이 유쾌하게 햇살을 젓고 있다 산허리가 휘어지고 있다

　어제 저녁에는 일기(日氣)가 고른 당신과 나 사이에 연두라는 맛이 돌았다 때로 땀과 맛이 동의어로 쓰이는 때가 있다 4월의 계단을 함께 오르는 우리 사이에는

　무리, 서열이 없는 그 형식에 대해 이야기하면 즐거워진다 숨 가쁘게 지나가는 풍경들 속에서 우리는 얼마나 무리에 동떨어져 있나 산벚나무 몇 그루 무리에 섞여 배내옷처럼 환하다

바다가 뒤척이다

파도소리가 문지방을 넘는다
이십여 년 만에 섬으로 돌아온 그녀가
소쩍새 울음 속에 눕는다
나와 다 큰 아이들을 나란히 옆에 뉘고
마음의 돌담이 조금씩 무너져 내리는지
자꾸 뒤척인다
민박집 마루에 알전구처럼 걸려 있는
그녀의 세월
그녀의 환한 방으로 함께 들어가지 못한
나와 아이들도 자꾸 뒤척인다
열세 살 소녀의 손으로 무화과를 따는지
어둠이 한번 출렁거리고
그녀는 또 돌아눕는다
모로 누운 그녀의 등에서 소금냄새가 난다
짠하게 닦아주지 못한 그녀의 눈물이
빗물받이 같은 내 마음을 지나
바다로 흘러들어간다
바다가 그녀의 눈물을 섞느라 밤새 뒤척인다

능소화 아래

 모든 문이 바깥으로 열려 있습니다. 한 소식 듣지 못한 세월, 당신의 기척 같은 바람소리에 오늘도 붉은 귀를 매어둡니다. 뒤안 대숲에선 댓잎들이 밤새 스적거리고, 돼지감자 몇 알 푼근하게 삶아 당신께 올리던 그날처럼 달빛이 하얗습니다. 버선발로 뜰을 거닐며 어둡고 깊은 우물 속을 들여다봅니다. 사람의 정이란 마르지 않을 우물 같다가도 매정한 다듬잇돌이 되기도 합니다. 원망하는 마음을 후려쳐서 가는 빗줄기에 실어 보냅니다. 이 땅의 모든 길 위로 흐르고 흘러 당신의 기별이 당도하는 담장마다 붉은 꽃으로 피어나고 싶으나, 바늘 한 쌈지를 품고 결기처럼 팽팽한 수틀 앞에 앉아 흩어진 마음을 수습합니다. 이역만리 건너오는 저 별빛들을 한 땀씩 새겨두면 당신이 오실까요? 곡기를 끊고 가슴을 짓이겨 한 벌의 수의를 짓고 나면 당신이 오실까요? 저잣거리 소소한 풍문도 와 닿지 못하는 내 붉은 귀들이 뚝뚝 지고 있습니다. 아직, 당신 구중궁궐 거기 계신가요?

헛가게

첫새벽 어머니가 깨우는 소리에
두엄 같은 잠을 부리고
화덕에 연탄불을 피우네
헐한 마음에 눈발은 날리고
오늘은 장날
장꾼들이 추운 장날

국솥에서 선짓국이 팔팔 끓네
막걸리 한 잔에
누가 저 피를 몸에 들일까
명줄 같은 국숫발에 살얼음이 끼고
그릇들은 흘레를 붙네

폭설이라도 치면
오도카니 앉은 어머니
국솥에 뜨거운 물을 더 붓고
항아리를 휘휘 저어 막걸리 간을 보고
이마에 노을을 피우며

연탄불을 가네

전대는 흐리고
오늘도 일수쟁이는 일찍 오려나
동전 몇 개 슬쩍해서
학교 안 다니는 내가 교복들과 짤짤이 하러 가는
파장이 오면

불은 두고 오네
살아 있는 불은 그냥 두고 오네

재미라는 말,

당신, 사는 게 재밌어?
아침 밥상머리에서 아내가 묻는다
미나리꽝을 떠올릴 때였다
갑자기 흙탕물이 숙취를 휘감았다
입안에 고요히 괴던 미나리향도
파드득 날아가 버렸다
'재미'라는 말
자근자근 밟아보니
아랫도리가 물컹거린다
잘못 배달된 말들이 반송되어 온다
발끝이 서로 부딪히는 식탁 너머
아내에게 가는 길이 아스라이 멀고
혼자서 지지고 볶고 비벼댄 시간들이
뢴트겐 사진처럼 비쳐온다
아내의 숨결에 묻혀 있다가
가시처럼 날아와 박힌
'재미'라는 말
밟혀서 흐느적거리는 말

더듬더듬 일으켜 세워본다
장미 한 송이 화들짝 피어난다

조용한 저녁

이 무거움은
지구의 반대편에서 흘러왔을 것이다
대양과 대륙을 건너
피부색이 다른 사람들의 표정으로부터 시작됐을 것이다
하루살이 같은 저녁을 먹고
문득 나를 내려놓을 때
나의 무거움은 나의 살붙이 같다는 생각을 한다
저녁에는 오로지 조용히 앉아
내압을 확인할 뿐이다
수많은 발자국과 어지럽게 얽힌 길들
시공을 넘나드는 관계들의 날갯짓이 빠르고 힘차서
이 지구의 반대편 누구라도
심호흡을 하고 있으리라
담수보다 누수가 더 무거운 일
종일 몇 됫박의 구름 같은 시간을 가슴에 채워 넣으며
창공을 차고 오르는 새가 되고 싶었으나
조용한 저녁에 오는 시간의 누수는
홑겹의 영혼을 불러온다

쩍쩍 갈라진 틈으로 불칼 같은 뜨거움을 들이댄다
무거운 내 편으로 지구가 기울고 있다

깻잎머리

교복 입은 여학생들이 지나간다
들기름 냄새가 난다
오뉴월 산비탈에 구르는 아카시아 그늘을 끌고 간다
이웃집 소연이가 있을 텐데
소연아, 하고 불러도 일제히 뒷면이다

초록의 감정을 위해
팔짱을 끼고 걸어간다 내가 너에게
알맞게 간이 밸 때
앞장과 뒷장이 잘 헤아려지지 않는다
아무 곳에서나 발랄한 신분증
구김 안 가는 안감이다

두 장 혹은 세 장을
납작하게 펴서 겹치는 이것은 일종의
흠향하는 방식 네가 나에게
향기로울 수 있다는
그녀들의 포옹은 발효하기 좋은 온도를 가졌다

어둠에 싸여 있어도 자꾸 빛을 끌어당긴다

한통속으로 거리가 환해진다

일 센티미터

일 센티미터는 작고 선량한 눈을 가졌지
구두병원에서 키높이 굽으로 갈고 나오니
일 센티미터 낮은 층에 사는 여자가 바나나를 품고 가는 것이
보이네

일 센티미터는 그야말로 눈썹만 한 높이
그러나 그 높이로 반 지하 허름한 세간을 다 내려다볼 수 있지
꽃방석에 앉은 듯 새치름하게
안면이 있는 사람들 모른 체 할 수도 있지

비가 내리기 시작하는데
이런 날은 다른 사람 눈에 잘 띄어도 좋겠네
우산도 없이 근엄하게 걸음을 옮기며
공작 깃이 달린 모자의 동네를 찾아가는 중이네

삼십 년 전통 삼계탕을 먹고 이를 쑤시며 길을 밀고 가듯이
나를 질끈 밀어 올려서
할아버지도 아버지도 제대로 한번 겨뤄보지 못해 한이 맺혔

다는

   전설적인 힘을 찾아가네

   눈이 작고 선량해서 부라릴 순 없지만
   구경꾼만 득실거리는 녹색거리를 지나 중앙로를 지나
   일 센티미터 더 높은 층에 숨어 산다는 손아귀를 만나러 가는
중이네

   턱을 바짝 당겨서
   빗방울이 또르르 굴러 구두 등에 떨어지는 것을 느끼면서

나무들의 언저리

아주 잠깐 너에게 다가가 머물렀을 뿐인데 눈이 아리게 푸르다 외피만 남겨두고 떠났던 작고 하잘 것 없는 감정들이 마중하는 이도 없는 긴 골목을 끌고 맨발로 돌아오고 있다 돌아와 공손히 엎드리고 있다

너울거리며 푸른 분화구 속으로 스며드는 기꺼운 혀들

너의 뜨거움에 이르러 수천의 언어로 태어날 때까지 나는 떠나지 못하리라 두리번거리며 찾지 못하는 내 영혼의 갈피에 너의 입술이 닿아 다만 불을 밝히기 위해 먼 거리를 달려온 것처럼 너에게 다시 돌아가리라

물끄러미

기러기 떼가
'人'을 운구해 간다
가뭇하다

저녁은
이따금 반짝 빛나는 것들을
고명으로 얹어
겸허하게 식탁을 차린다

겸상할 틈도 없이 사라지는
비문(碑文) 하나

물빛으로 차고 넘치는
저녁 저편
아버지 가신 길

문이 열리고 문이
닫힌다

글씨 오해

방바닥에 엎드려
연필심에 침을 묻혀가며 또박또박
공들여 쓴 글씨

깍두기공책에서
깍두기 냄새를 지우고
조신하게 일학년을 넘어선 글씨

선생님은 모르고
선생님만 모르고

화난 누나가 내 손목을 단단히 잡고
논둑길을 걸어가다
발길에 채이던 글씨

집에 없는 아버지 냄새를
빨간 도장밥에다
살짝 피워둔 글씨

개구리들은 모르고
개구리들만 모르고

잠옷차림 선생님 무릎 앞에서
키 작은 내가
옹골지게 칭찬받던 글씨

화 풀린 누나 손을 뿌리치고
하얀 달밤을
나보다 앞서 내달리던 글씨

어느 날은 아이들과 더불어

금화 한 닢
금화 두 닢을 주워들고
숨바꼭질하는 아이들
허공이 은행나무를 타고 내려온다
금빛 손이다

어제는 비가 내렸고
골목어귀 작은 옷가게 여주인의 손끝처럼
살짝 바람의 보풀을 일으켜보는 것이다

하늘의 눈이 우묵하다
어떻게 저 많은 손을 품고 살았다는 것인가

후생을 위해
아무것도 준비한 일이 없는 나는
헌 자루처럼 가볍고

어느 날은 아이들과 더불어

금고를 열고 있는

우주의 다이얼 소리를 들어보는 것이다

소요 한 줌

그것은 바람일 테고
그물 터진 어장일 테고

양철지붕에 떨어지는 살구 소리는
아내와 아이들을 깨우고
싸움이 잦은 이웃집 사내를 깨우고
더 깨울 것이 남은 것처럼
귓가에 맴돌았네

거처를 잃은 살구들은
볼이 얼얼하도록 우는 일도 없이
담 모퉁이에 기대고
돌확 밑 어두운 틈새까지 굴러 들어가고
나를 흔드는 바람이
뒤뜰에 자주 불곤 했네

깨지고 물러지는 것들
허리 굽혀

한 줌 쥐고
농성장을 빠져나온 것처럼
되돌아오는 길

응시

타오르는 불꽃이
책가방을 든 소녀의 몸에서
열무 몇 단을 들고 텃밭을 걸어 나오는
여자의 몸으로
조금씩 옮겨가는 동안

해설

맑은 피로 부르는 모성의 노래

강경희(문학평론가)

1. 아니마의 상상력

 한 시인이 직조해낸 서정 문법의 뿌리를 탐색하는 일은 시인의 정신적 거처가 본질적으로 무엇을 지향하고 있는지를 밝혀내는 일이다. 그런 의미에서 시적 원형(archetype)에 대한 모색은 시인의 의식지향의 총체성을 드러내는 일이기도 하다. 일찍이 C.G. 융은 원형 모델을 형성하는 구성 요소를 그림자(shadow), 영혼(soul), 탈(persona)로 규정하였다. 그림자가 무의식적 자아와 연관된 부정적 측면을 부각한다면, 탈은 외부세계에 투사한 자신의 내적 모습의 변용이다. 한편 영혼은 인간의 내적 인격, 즉 내부 태도를 상징적으로 드러낸다. 영혼의 표상은 아니마(anima)와 아니무스(animus)의 두 요소로 나타나는데, 특히 아니마는 남성성 속에 내재한 여성성이다. 여성성의 구현은 역동적인 동물성보다는 식물적 상상력으로, 분열과 갈등보다는 화해와 부드러움을 지향한다. 아니무스가 힘의 이데올로기를 부각하려는 암묵적 의도를 시사하는 것에 반해, 아니마는 평화와 사랑에의 열망에 가깝다.

안태현의 『이달의 신간』은 아니마적 상상력으로 용해된 서정적 자아가 곳곳에 출몰한다. "배롱나무처럼 미끈한 몸매"를 지닌 "아내"(「그때 그렇게 말했으면 어땠을까」), "몽돌 위에 앉아" 있는 "어머니"에 대한 기억(「채취선」), "홍시 세 개를 들고/걸어 나오"시는 "할머니"(「대봉」), "소금밭보다 하얀 속살을 가진 여자"(「소금밭을 읽다」)처럼 그의 기억의 무늬는 여성의 형상들로 가득하다. 특히 이러한 여성성의 모티브들은 '식물', '생성', '지속'의 이미지와 결합하면서 낮고 조용한 웅성거림을 환기하는 원형적 자아의 틀을 완성한다.

> 썰물이 깊은 해변에서 밥상을 차리네요
> 당신과 내가 오랜만에 차리는
> 상다리도 상판도 없는 돗자리 밥상
> (…중략…)
> 당신과 나의 볼이 미어지는 상추쌈에
> 지나가는 바람들도 군침을 삼키는군요
> 객지에 있는 아이들은 밥이나 잘 챙겨 먹을까요

> 회음부에 들어앉은 꽃숭어리들
> 그 아름다운 꽃말들에 대한 기록이
> 숟가락 달그락거리는 밥상이나 다름없죠
> 어디 모네의 정원이 이만하겠어요
>
> ―「해변의 밥상」 부분

　안태현에게 "밥상"을 차리는 행위는 '생존'의 방편으로 제시되기보다는 사랑을 확인하는 순수한 의식으로 투영된다. "상다리도 상판도 없는 돗자리 밥상", "바람들도 군침을 삼키는" "밥상"은 자연에 동화된 가장 낮고 소박한 밥상이다. "당신"과 "나"는 정성껏 "밥상"을 차리고, "볼이 미어지는 상추쌈"을 먹으며 "객지에 있는 아이들"을 생각한다. 둘을 위한 '해변의 밥상'은 어느새 '아이들을 위한 밥상'이 되고 흩어진 가족이 둘러앉는 '나눔의 밥상'이 된다. 밥상을 차리는 행위는 여성성의 본질과 맞닿아 있다. 가족을 위해 음식을 조리하는 어머니의 손길은 단순히 먹거리를 준비하는 기계적 노동이 아니다. 정성을 다해 삶의 양식을 준비하는 손길은 모성애의 핵심이 생명을 자양하는 일임을 보여준다.

　안태현의 순수한 '자연의 밥상'은 "회음부에 들어앉은 꽃숭어리", "모네의 정원"처럼 아름다운 밥상이다. "달그락거리는" "숟가락" 소리들이 들려오는 정겹고 아름다운 한 상의 밥상은 시인이 희망하는 밥상이다. 그는 풍경으로서의 밥상이 아니라

생생한 삶의 현장에 녹아든 "밥상"을 갈구한다. 이는 피상적 차원의 여성성으로의 회귀를 의미하지 않는다. 안태현 시의 상당 부분이 여성성의 기억과 조우하고 있는 측면은 여성성이 관념의 사유가 아닌 구체적 삶과 결합되고 있음을 상징한다.

> 장죽을 물고
> 사십 년 전 족자 속에 사시는
> 외할머니
>
> 밭은기침 해가며
> 메줏가루 고춧가루 찰밥에 버무려
> 무장아찌 박고 고춧잎 박아
> 아랫목에 잘 삭힌
> 세월 한 종지
> 어머니 편에 보내셨다
>
> —「집장」 부분

"족자 속에 사시는/외할머니"는 이미 고인이지만 외할머니가 물려준 가계의 전통은 "어머니 편"에 보내온 "집장"에 그대로 전수된다. 화자에게 "집장"은 '맛'이 아니라 '뿌리'의 확인이다. "아랫목에 잘 삭힌/세월 한 종지"라는 말처럼 오래 묵힌 시간의 숨결이 "집장"에 고스란히 녹아 있다. "집장"을 통해 시인은 과거와 연속된 현재적 자아를 만난다. 즉 물리적 죽음으로의 단절을 넘어서는 '전통'을 통해 생을 추동시키는 지속성의 원천을 목도한다. 외할머니에서 어머니에게로 다시 나에게로 이어지는 "집장"은 추억인 동시에 현재적 삶과 연결된다. 때문에 '기억'을 불러내는 안태현의 발상은 과거 회귀로의 퇴행적 의식을 드러내기보다는 과거와 현재의 연속성을 통한 자기 확인이다. 이는 조상의 생활에서 되풀이되는 체험의 원초적 이미지를 불러냄으로써, 그 정신적 잔재가 구성해놓은 자아의 정체성(identity)을 증명하는 과정이다. 다시 말해 '선험적 결정자(apriori determinant)'로서 그의 원형 의식의 근간이 무엇인지를 설명하는 일종의 징표이다. 할머니와 어머니, 아내와 자식으로 이어지는 끈끈한 삶의 연대는 '어린 손자'와의 놀이를 통해 지속성에 대한 강한 결속을 시인이 얼마나 중요하게 생각하는지를 잘 보여준다.

> 첫돌 지난 손녀가
> 그림책을 들고 와 내 무릎에 앉는다
> 어느 무공해 별 곳간에서 튀어나온
> 씨앗 한 톨 같다
> 나는 못 하나 치지 않은 의자가 되어
> 허벅지 사이를 좁히고 허리를 세운다
> 내 몸속으로 아이의 몸이 들어와
> 따듯하게 묽어진다

> 아이가 앉아 있는 동안
> 내 더운 숨이 아이의 정수리에 닿아
> 피도 안 마른 그곳에서
> 푸른 넝쿨들이 뻗는다
>
> ―「만능 의자」부분

"무공해 별 곳간에서 튀어나온" "씨앗 한 톨" 같은 "손녀"는 가장 순수하고 맑은 영혼이다. 더럽혀지지 않는 순진무구한 "손녀"에게 "나는" 기꺼이 "못 하나 치지 않은 의자"가 되어준다. 흠집도 때도 상처도 물려주지 않으려는 화자의 마음은 소중하고 아름다운 것을 지켜주고자 하는 사랑 그 자체이다. '나의 의자'는 아이에게 가장 편안하고 따뜻한 안식처가 되어주고자 하는 할머니와 어머니의 마음을 그대로 닮았다. "피도 안 마른" "아이의 정수리"처럼 연약하고 순수한 아이를 보듬는 포용과 안식의 세상을 화자는 물려주고자 한다. 그런 의미에서 "푸른 넝쿨"은 "손녀"와 "나"의 관계를 넘어 과거와 현재의 교감으로까지 확대된다.

변화는 현재의 얼굴이다. 현재는 언제나 새것들로 채워진다. 하지만 역사적 자아를 갈구하는 인간은 변화의 자장 안에 과거의 흔적을 아로새기고자 노력한다. 가계로 이어지는 유전(遺傳) 속에 녹아든 사랑의 실체를 통해 안태현은 개별 존재의 소외와 단절을 끊임없이 거부하려는 의지를 표명한다.

2. 아름다운 늙음과 죽음

'늙음'과 '죽음'은 인간의 숙명이다. 그것은 슬픔의 그늘을 드리우고 있다는 점에서 비극적 형상으로 제시되곤 한다. 하지만 안태현은 늙음과 죽음을 가장 자연스러운 순환의 결과물로 받아들인다.

> 뒷짐 지는 걸 아내가 한사코 말리는 까닭은
> 늙은 냄새나는 남편이 싫다는 거겠지만
> 사람이 신록처럼 들이치고
> 어둠이 꽃처럼 피는 길을 걷다보면
> 나도 모르게 뒷짐을 지는 것이다
>
> 활갯짓에 밀려나
> 뒷덜미에 매달려 있던 늙음이
> 등허리에 쏟아져 내려
> 느린 걸음과 걸음 사이
> 나도 모르게 받아 업는 시늉을 해보는 것이다
> ―「뒷짐」 부분

늙음은 불현듯 닥친다. 자각보다 앞서 늙음의 시간이 온다. "나도 모르게" "느린 걸음"을 걷고, 어느새 "뒷덜미에 매달려 있"는 "등허리에 쏟아져 내"리는 "늙음"을 본다. "신록"의 푸름을 버리고, "활갯짓"의 역동성을 상실한 자신을 마주하는 일은 슬프다. 아내는 투정처럼 "뒷짐 지는 걸" "한사코 말리"지만, "뒷짐 지는" 것이 자연스러운 나를 받아들여야 하는 것은 거부할 수 없는 진실이다. 늙음은 의식적으로 방어할 수 없다. 그저 받아들여야 하는 숙명의 과정이다. 시인은 늙음을 혐오하거나 거부하지 않는다. 오히려 "나도 모르게 받아 업는 시늉을" 하면서 늙음을 껴안는다. 이는 옹호의 의지도 타협의 방식도 아니다. 변화하는 자연의 시간에 화자는 기꺼이 순응한다. 자연의 일부인 몸의 쇠퇴를 방어하지 않고 순수하게 받아들이려는 행위 이면에는 겸허한 세계 인식이 자리한다. 존재의 시간이란 부재로 흘러가는 시간의 다름 아니기 때문이다.

> 바닷가 허허벌판
> 조등 하나 걸리지 않은 상가(喪家)에서 맞는 저녁입니다
> 아흔아홉 구비를 돌아 걸음을 멈춘
> 이승의 마지막 발자국을 감추고 싶다는 듯이
> 함박눈은 내리고
> 이 세상 어딘가에 두고 온 것들이 많은
> 저마다의 마음들은
> 먼 바다 건너 불빛을 좇아 뭍으로만 흘러갑니다
> 뱃길이 끊어질까
> 깊어가는 걱정에 눈발이 멈칫하기도 하지만
> 주먹밥 한 덩이

> 뜨끈한 파랫국 한 사발에 속을 데우며
> 몸이거나 영혼이어야 했던 것들을 생각합니다
> ─「바닷가 장례식」 부분

"바닷가 허허벌판/조등 하나 걸리지 않은 상가(喪家)"의 풍경은 외롭고 고독한 풍경이다. "이승의 마지막 발자국"을 하나씩 지우는 "함박눈"만이 떠나가는 영혼 위에 떨어진다. 이승을 떠나는 존재를 잊지 못하는 "저마다의 마음들"은 "뭍으로만" 향하지만, 존재의 죽음은 뭍으로 향하지 못한다. 다만 기억과 생각으로만 남아 있을 뿐이다. 남아 있는 자의 걱정과 염려는 "주먹밥 한 덩이" "뜨끈한 파랫국 한 사발"로 "속을 데우며" 죽은 자를 추모할 뿐이다. 눈발이 날리는 바닷가 장례식장은 슬프고도 아름다운 이별의 제의이다. 삶으로 다시 회귀할 수 없는 죽음은 떠나가고 흘러간다. 하지만 자연의 공간 속에 날리는 천상의 눈발은 죽음을 어둠이 아닌 축복의 방식으로 어루만진다. 체온을 잃은 차가운 육체와 영혼에게 자연은 한없이 풍요로운 진혼곡을 바친다. 죽음은 거역할 수 없는 하나의 '사건'이다. 문제는 그 사건에 대한 수용 태도이다. 안태현은 '죽음의 사건'을 자연의 변화처럼 지극히 당연한 과정으로 받아들인다.

> 찬바람이 부는 어느 창가에서는
> 나무들이 울고 있다

> 우리도 언젠가는 상복으로 갈아입고
> 작은 새들처럼
> 부리를 맞대며
> 울음을 나누는 저녁이 온다
> ─「시몬, 너는 좋으냐」부분

　태양의 시간이 존재하듯이 일몰의 시간도 존재한다. 온기를 나누는 시간이 지나면 "울음을 나누는 저녁"이 찾아온다. 빛의 시간 뒤에 어둠이 머물고, 내일의 시간 속에는 죽음의 시간도 마련되어 있다. 이렇듯 죽음은 하나의 둥근 시간 속에 존재하는 또 다른 모습일 뿐이다. "우리도 언젠가는 상복으로 갈아입고"라는 말처럼 죽음은 삶의 의복을 벗고 상복으로 갈아입는 저무는 시간이다. 나무와 새의 울음은 떠나가는 것을 슬퍼하는 울음이기도 하지만, 사라지는 것을 위로하는 울음이기도 하다. "작은 새들처럼/부리를 맞대며/울음을 나누는"이라는 말이 함축하듯이 서로가 서로를 위로하는 따뜻한 시간이다.

> 후생에 다시 만나고 싶으냔 그대 물음에
> 아직 답을 주지 못했는데
> 비바람 불고 눈보라치는 언덕을 지나
> 돌고 도는 길
> 골똘하게 물레질하던 어머니 곁에서
> 아주 먼 곳까지 이어지던 꿈길처럼

그대와 다시 걸을 수 있을까

―「둘레길」부분

"물레질"은 "돌고 도는 길"을 형상화한다. 이승의 시간과 저승의 시간은 돌고 도는 물레처럼 둥근 원(圓)의 시간이다. "그대"와 "나"는 이승의 시간에서 마주쳤고 다시 저승의 시간 속에서 조우한다. "비바람 불고 눈보라치는 언덕을 지나"는 순탄치 않는 질곡의 시간을 지나면 "아주 먼 곳까지 이어지는 꿈결처럼" 어머니와 그대와의 만남이 찾아온다.

안태현에게 죽음은 역설적이게도 이별인 동시에 만남의 시간이다. 이승의 수레바퀴는 돌고 돌아 저승의 만남으로 이어진다. 자연의 순환처럼 인간의 시간 또한 직선적 시간이 아니다. 삶과 죽음을 이분법적으로 구획하지 않는 순환론적 시간 의식은 안태현의 동양적 자연관을 드러낸다. 시작과 끝이 명확하게 구분되는 이원론적 세계관이 아닌 일원론적 세계관은 삶과 죽음을 연속적 차원으로 파악하려는 자기 정체의 지속감을 일깨워준다. 이는 안태현의 자연적 원형 의식을 단적으로 보여준다. 이때 안태현은 삶과 죽음의 문제를 초극과 초월의 시각으로 보려는 선적 관념론에 기대어 있지 않다. 오히려 생성과 소멸을 반복하는 자연적 질서와 인간의 삶의 순리가 닮아 있다는 동질적 세계관을 지닌다는 점에서 현실적 자연과 닮아 있다. 자연은 서로를 배신하지 않는다. 기꺼이 생명의 밑거름이 된다. 자연의 희생과 나눔은 공존을 위한 것이지, 파멸을 위한 것이 아니다. 안태현은 자연을 닮으려는 순수한 정신이야말로 인간의 삶을 살릴 수 있다고 믿는다.

  안태현의 시의 중심에는 위로와 나눔의 철학이 내재되어 있다. 그의 위로와 나눔은 삶의 현장과 죽음의 시간을 넘나들며 어디든 존재한다. 특히 따뜻한 아니마의 세계에 연결된 모성성의 회복을 통해 자연을 배우는 포용의 그릇을 빚어놓는다.

3. 생성하는 식물성의 자연

  자연의 두 얼굴은 동물성과 식물성이다. 심리적 원형의식에 기초할 때 동물성의 자연이 충동과 폭력의 무의식적 조건들을 전제하고 있다면, 식물의 자연은 조화와 공생의 관계를 지향하는 쪽으로 해석된다. 이는 동물성의 세계가 주로 약육강식의 생존논리가 지배하는 반면, 식물성의 세계는 공존의 관계를 지향하기 때문일 것이다. 여성성의 측면이 식물적 상상력과 결합하는 것은 그것이 주로 생명을 잉태하고 보육하는 무한한 에너지의 세계이기 때문이다.

    오후의 햇살을 비벼
    슬쩍 색깔을 풀어놓는 꽃나무들로
    온몸이 푸르고 붉어진다

    봄꽃이 피는 산
    삶의 자투리가 다 보이도록
    유연하고 느리게
    산의 허리를 휘감아 오르며
                —「봄꽃 피는 산을 오르며」 부분

    우둥발 같은 밤꽃들이
    두 눈 부릅뜨고
    떨어진다

    백야를 걸어
    간곡함에 이른 사람처럼

    온몸을 투신하는
    저런 사랑법을
    누구에게도 배운 적 없다
                       —「밤꽃」 부분

  "온몸이 푸르고 붉어"진 "봄꽃"은 "산허리"를 온통 물들인다. "햇살", "꽃", "산"은 하나의 수채화를 완성시키면서 서로가 서로에게 아름다운 그림이 된다. 격리된 존재가 아니라 조화의 궁극을 보여주는 절대미를 자연은 선사한다. "우둥발 같은 밤꽃들"은 떨어짐으로 완성된다. "두 눈 부릅뜨고" "백야를 걸어/간곡함에 이른 사람처럼" 간곡한 응시의 낙화가 꽃의 절정이다. 피어나는 것을 위해 사는 것이 아니라, 죽음을 위해 사는 것이라는 역설의 상황은 "온몸을 투신하는" 숭고한 "사랑법"의 절대 경지이다. 자연의 사랑법은 희생적 제의이다. 어머니의 그것처럼 모든 것을 내어주는 자기 헌신의 극단을 보여준다. 이 장엄하고 숭고한 자연의 의식을 안태현은 "유연하고 느리게"라고 표현한다. 이는 "온몸에 스며들어 수묵처럼 계곡에 풀어"(「수풀林 씨」)지는 '스밈의 철학'이며, "완만한 저녁의 능선" "푸른 여백"(「시인에게」)처럼 '공(空)의 정신'이다. 구획과 나눔이 아니라 스미고 비우는 조응과 여백의 정신은 동양적 자연관을 그대로 표상한다.

하지만 인간의 삶이란 식물의 자연이 될 수 없다. 거칠고 모나고 상처투성이인 고통의 징후들을 대면할 수밖에 없는 까닭이다.

> 날은 차고 칠흑처럼 어두운데
> 뱃전에 끌어 올려줄 손목 하나 없다
> 아직 성한 몸들이
> 맨살의 밤바다를 떠돌고 있다
> ―「보트피플」부분

모래바람이 부는 황량한 국경

몰려드는 난민들
　　　　　　　　　　　　　　　ㅡ「끼니」부분

　　하루살이 같은 저녁을 먹고
　　문득 나를 내려놓을 때
　　나의 무거움은 나의 살붙이 같다는 생각을 한다
　　　　　　　　　　　　　　　ㅡ「조용한 저녁」부분

 "맨살의 밤바다를 떠"도는 표류의 "몸"은 자신을 "끌어 올려 줄 손목 하나"를 만나지 못한다. 어둠의 밤바다를 유영하는 '보트피플'의 운명은 죽음과의 사투이다. 구원의 손길은 그들에게 허락되지 않는다. 생존을 위한 스스로의 외로운 싸움만이 존재할 뿐이다. 생명이 살지 못하는 극지의 "모래바람이 부는 황량한 국경"에는 '끼니'를 잇지 못하는 불쌍한 "난민들"만이 아우성친다. 그들은 "하루살이 같은" 삶에 쫓기고 "무거움"을 "살붙이"처럼 달고 다녀야 하는 떠도는 자들이다. 그들을 향한 연민의 시선도 도움의 손길도 나눔의 시간도 존재하지 않는다. 차가운 밑바닥의 생, 떠도는 표류의 인생만이 깔려 있다.
 안태현이 조화와 공존의 자연관을 강하게 표출하는 의식 이면에는 그것이 불가능한 차가운 현실의 비정함을 고발하고 비판하는 의지가 담겨 있다. 대상을 향한 궁극적 연민과 사랑은 타자성의 관계로부터 출발한다. 타자에 대한 순수한 이해와 공감이 허락되지 않을 때 자연에 대한 찬사와 사랑은 헛된 넋두리에 불과하다는 것을 그는 역설한다. 모성적 아니마로의 지향성은 이러한 파괴적이며 잔혹한 남성성의 세계를 회복할 수 있는 유일한 길임을 자각하기 때문이다.

꽃들이 몇날 며칠 시소 타는 줄도 모르고 하루의 노동을 마치고 돌아오는 당신의 첫 이름에 산딸나무 한 그루 심어 두겠습니다

지금쯤 지상 어디에도 감출 수 없는 하얀빛으로 내려오는 것이니 먹줄 같은 생의 이쪽과 저쪽을 두루 만지고 온 두 손을 깨끗이 씻어드리겠습니다

뒤곁으로 돌아앉아서 늘 바람벽 같던 당신의 쉰 목소리 어느 날은 외등도 없는 골목 끝에 은근한 달빛을 불러 세울 수 있을지 모르겠습니다

설산에 다녀와 오래도록 꿈꾸는 사람처럼 꽃나무들은 허공에 가닿고 그곳에 두고 온 당신의 눈망울에 흰 구름 한 점 담아두겠습니다

― 「언약」 전문

"언약"은 다짐이자 약속이다. 화자의 맹세는 "당신"을 위한

것이다. "하루의 노동을 마치고 돌아오는" 고단한 "당신"을 위해 "산딸나무 한 그루"를 심어두고, "먹줄 같은 생의 이쪽과 저쪽을 두루 만지고" 돌아오는 위태로운 "당신"을 위해 "두 손을 깨끗이 씻어"주고, "늘 바람벽 같던" "쉰 목소리"의 외로운 "당신"을 위해 "은은한 달빛"을 "불러 세"우고, "설산"처럼 차가운 "허공에" "눈망울"처럼 떠나간 "당신"을 위해 "흰 구름 한 점 담아두겠"다는 "언약"은 당신을 위해 모든 것을 바치려는 나의 간절한 마음이다. 피곤한 노동의 삶, 위태로운 생의 줄달음, 뒤로만 떠밀려가는 외로움의 날들, 죽음의 순간까지 당신을 위해 살겠다는 생의 의지야말로 사랑하는 존재를 위한 화자의 결연한 각오이다.

안태현의 사랑법은 타자를 향한 위로와 헌신이다. 타인의 고통이 구경거리로 전락해버린 비정한 현실, 냉소와 무관심의 각박한 생존 현장, 하루의 목숨을 위해 온전한 자기만을 갈구하는 차가운 이기주의를 그는 반성하고 질타한다.

시인에게 허락된 것은 언어로 쓰는 삶이다. "내 정신을 맑게 씻어줄/노래 한 곡"(「매미」)을 위해 하루를 울고 한 생을 바치는 것이 시인의 운명이다. 더렵혀진 욕망과 짓이겨진 세계를 정화하지 않고는 타락한 세계와 맞설 수 없다. 생명의 자연과 모성적 사랑의 갈구는 차가운 사막의 현실에서 그의 맑은 정신을 지켜내는 최후의 방어선인 것이다.

안태현은 "피가 맑아서 편지를 쓴다"(「시인에게」)라고 말한다. 맑은 피를 돌게 하는 원동력은 무엇일까? 그것은 "한 뼘이 남던 구들장"에서도 "치자 향기" "무화과 붉은 입술"을 물들이며 "식구들 옷가지를 널어놓고" "서해바다를 훨훨 날아"(「둥지」) 오르는 꿈을 꾸는 가난한 아낙의 순정한 마음과 다르지 않다. 질박한 마음과 모성의 젖줄로 척박한 세상에 생명과 사랑을 스미게 하는 그의 고운 노래가 아름다울 수밖에 없는 이유이다.

이 도서의 국립중앙도서관 출판시도서목록(CIP)은 서지정보유통지원시스템 홈페이지(http://seoji.nl.go.kr)와 국가자료공동목록시스템(http://www.nl.go.kr/kolisnet)에서 이용하실 수 있습니다.(CIP제어번호: CIP2015007624)

시인동네 시인선 027

이달의 신간

ⓒ 안태현

초판 1쇄 인쇄	2015년 4월 24일
초판 1쇄 발행	2015년 4월 30일
지은이	안태현
펴낸이	고영
책임편집	이현호
디자인	이해존
펴낸곳	문학의전당
출판등록	제311-2012-000043호
주소	서울시 은평구 연서로11길 7-5 401호
편집실	서울시 마포구 마포대로 127, 413호(공덕동, 풍림VIP빌딩)
전화	02-852-1977
팩스	02-852-1978
블로그	http://blog.naver.com/mhjd2003
전자우편	sbpoem@naver.com

ISBN 979-11-86091-16-6 03810

* 이 책의 판권은 지은이와 문학의전당에 있습니다.
* 양측의 서면 동의 없는 무단 전재 및 복제를 금합니다.
* 잘못 만들어진 책은 바꿔드립니다.